보물 같은 그림 기록
의궤

김혁

경희대학교 사학과를 졸업하고 2005년 한국학중앙연구원 고문헌관리학과 박사 학위를 받았습니다. 한국학중앙연구원 장서각 연구원과 경북대학교 영남문화연구원 HK교수, 전북대학교 쌀삶문명연구원 학술 연구 교수를 거쳐 현재는 지역문화연구소 연구 위원으로 있습니다. 지은 책으로 『특권문서로 본 조선사회』, 『영남의 미시세계』(공저), 『수령의 사생활』(공저), 『잡담과 빙고 : 경기 충청 장토문적으로 보는 조선후기 여객 주인권』(공저) 등이 있습니다.

백은주

어렸을 때부터 화가를 꿈꿔 손에서 붓을 놓지 않았습니다. 직장을 다니면서 본격적으로 그림을 공부했고 주로 역사를 소재로 한 그림을 그리고 있습니다. 대학에서 공부한 사회학도 그림을 그리는 데 도움이 되었습니다. 사회와 개인의 관계, 커뮤니케이션 등을 표현하는 데 탁월하다는 평을 듣고 있습니다. 아이들을 가르치며 항상 동심의 세계를 잃지 않으려고 노력합니다.

보물 같은 그림 기록 **의궤**

처음 찍은 날 2018년 1월 5일 | **처음 펴낸 날** 2018년 1월 12일 | **펴낸이** 김덕균 | **펴낸곳** 오픈키드(주) 열린어린이
만든이 김원숙, 박고은 | **꾸민이** 박재원 | **관리** 권문혁 | **출판신고** 제 2014-000075호
주소 서울시 마포구 월드컵북로5가길 17 3층 | **전화** 02) 326-1284 | **전송** 02) 325-9941 | **전자우편** contents@openkid.co.kr
ⓒ 김혁, 백은주 2018

ISBN 979-11-5676-086-3 74600 979-11-5676-058-0 (세트)
값 12,000원

* 이 책에 실린 의궤 관련 사진들은 문화재청, 수원문화재단, 서울대학교 규장각한국학연구원에서 허락을 받아 사용하였습니다.
* 이 책은 저작권법에 따라 보호받는 저작물이므로 무단 전재와 복제를 금하며,
  이 책 내용의 전부 또는 일부를 재사용하려면 반드시 열린어린이의 서면 동의를 받아야 합니다.

보물 같은 그림 기록

의궤

김혁 글 | 백은주 그림

열린어린이

조선은 예절을 매우 중요하게 여기는 나라였어요.
궁궐에서 열리는 행사에는 일정한 예법이 있었지요.
예를 갖춘 행사를 의례라고 했어요.
나라 행사를 마치면 다음 의례에 참고할 수 있게
의례 과정을 하나하나 기록해 책으로 남겼어요.
그 책이 궁궐 행사의 본보기인 의궤입니다.

의궤는 조선에서만 볼 수 있는 특별하고 귀중한 우리의 책이에요.
의례 과정을 꼼꼼하게 정리한 글과 화려한 그림이 실려 있지요.
이런 특별함 때문에 의궤는 2007년 유네스코 세계 기록 유산이 되었어요.
조선을 세운 뒤부터 의궤를 만들었지만 임진왜란 때 모두 불타 버렸어요.
지금 남아 있는 의궤는 임진왜란 후부터의 기록이랍니다.

의례를 행하기 전에는
의례를 이끌어 갈 임시 관청인 도감을 만들었어요.
도감 총책임자는 일할 사람을 뽑아 의례를 치렀지요.
의례가 끝나면 의궤 제작을 위해 의궤청을 만들었어요.
의례를 치르면서 적어 두었던 내용과
관청끼리 주고받은 문서, 회의 내용
쓴 돈과 남은 재료까지 꼼꼼하게 기록하여 의궤를 만들었어요.

의궤에 있는 그림은 화원이 그렸어요.
화원은 궁궐에서 일하는 전문 화가들이지요.
화원들은 의례에서 사용되는 것들을
하나하나 살피어 그림으로 그려 남겼어요.

의궤에 있는 그림은 도설과 반차도로 나뉘어요.
도설은 의례에 사용한 물건을 그리고 그 쓰임을 기록한 것이지요.
반차도에는 걷거나 말을 타고 이동하는 행렬 모습이
사진이나 동영상 화면처럼 정확하게 묘사되어 있어요.
행렬에 참가한 사람들의 옷차림은 물론
그들이 무슨 역할을 하는지 한눈에 볼 수 있죠.
그 사람의 직책도 적어 놓았답니다.
왕은 가장 높고 귀한 사람이라 모습을 직접 그리지 않고
왕이 탄 가마나 말로만 표시했어요.

왕이 중심이 되어 행한 왕실의 크고 작은 일은
모두 의궤 속에 기록되어 있어요.
그래서 의궤를 보면 왕의 일생은 물론
왕실의 생활 모습을 세세하게 알 수 있습니다.

태어난 왕자의 태를 보관할 태실을 만드는 의례부터
왕자가 세자 자리에 오르거나 결혼하는 일도 의궤에 담았지요.
왕의 초상화를 그리거나 왕실 족보를 만드는 일
왕의 장례식과 왕릉을 만드는 일까지 모두 기록하였습니다.

가례는 왕실의 경사스러운 행사라는 뜻으로
오늘날 결혼식을 일컫는 말입니다.
왕실에 들어오는 새로운 가족을 환영하며
성대한 의례를 치렀지요.

『가례도감의궤』에는 가례를 치르기 전에 회의한 내용, 가례도감에서 일한 신하들의 이름, 가례에 쓰일 물건을 마련하는 실무 관청들의 기록도 모두 들어 있습니다. 이 의궤의 뒷부분에도 반차도가 들어갔습니다.

조선 시대에는 농사가 모든 일의 근본이었어요.
그래서 봄이 되면 왕도 직접 밭을 갈고
풍년을 기원하는 제사를 지내서
백성들의 좋은 본보기가 되었지요.
왕이 직접 농사 짓는 일을 친경의례라 불렀지요.
왕비는 누에를 치는 친잠의례를 하였어요.
여자들이 주로 했던 누에치기의 모범을 보인 거죠.
『친경의궤』와 『친잠의궤』 안에
상세히 기록되어 있어요.

왕의 조상을 모시는 제례는 더없이 중요한 나랏일이었죠.
돌아가신 왕들에게 제사를 지내는 곳이 종묘였어요.
나라의 근본인 땅과 곡식도 귀하게 여기고 섬겼어요.
땅의 신과 곡식의 신을 모신 곳이 사직이에요.

종묘나 사직에서 지내는 제례는 과정도 복잡하고 까다로웠어요.
그래서 제사에 사용되는 각종 그릇이나 도구
참여하는 사람들의 할 일과 음악, 무용 등
모든 내용을 꼼꼼하게 그림과 글로 묘사해 놓았어요.

의궤 중에는 건축 과정을 기록한 것도 있습니다.
정조는 수원화성을 짓는 일에 큰 노력을 기울였습니다.
10년 동안 계획했던 이 사업은 2년 반 만에 끝났습니다.
건축 과정이 담긴 『화성성역의궤』는 분량도 많고 제작 기간도 길었습니다.
정조는 의궤의 완성을 보지 못하고 승하하셨습니다.

이 의궤에는 공사에 참여한 사람들의 이름과 받았던 임금까지
그대로 써서 사람을 귀하게 여긴 문화와 당시 경제 상황을 엿볼 수 있습니다.
의궤의 철저함과 세밀함을 짐작할 수 있는 부분이지요.
『화성성역의궤』는 활자로 인쇄되었다는 것에 큰 의미가 있고
한글로 쓰인 의궤도 발견되어 다시 한 번 주목 받고 있습니다.

의궤는 어람용 의궤와 분상용 의궤, 두 가지로 나눌 수 있어요.
어람용 의궤는 왕이 보는 의궤로, 비단으로 표지를 만들었어요.
구리 못으로 책을 엮고 그 위에 국화 무늬 장식을 달아 품위가 있지요.
고급 종이에 천연 물감으로 그림을 그려
오늘날까지 색채가 잘 보존되고 있습니다.
분상용 의궤는 삼베 표지에 질이 다소 떨어지는 종이를 사용하였고
도장으로 찍어 낸 그림에 색만 칠했답니다.
화재나 도난으로 기록이 사라질까 우려해 만들었기 때문입니다.

어람용 의궤는 1782년 강화도에 설치한
외규장각 건물로 옮겨 보관했어요.
그런데 1866년 프랑스 군이 강화도에 쳐들어와
어람용 의궤와 외규장각의 많은 보물을 빼앗아 갔습니다.

그후 일제 강점기에 일본도 남아 있던 의궤를 빼앗아 갔지요.
의궤 중 일부는 2011년에 우리나라로 돌아왔습니다.
안타깝게도 돌아온 의궤는 프랑스가 우리에게 빌려준 것일 뿐
여전히 소유권은 프랑스에 있답니다.

의궤는 조선 시대의 정치와 경제, 역사, 문화, 기술 수준을
증언하는 우리 기록 문화의 꽃이라 할 수 있습니다.
우리 조상들의 철저한 기록 정신을 담은 의궤는
이제 우리만의 보물을 넘어 세계의 보물이 되었지요.

親耕儀軌

품격 높은 문화유산, 의궤에 담긴
우리 문화의 우수성을 가슴 깊이 새기고
우리 문화재의 소중함을 세계에 널리 알려요.

더 알고 싶어요
조선 왕조 의궤

▌조선 왕조 의궤

조선 시대 왕실은 나라의 모범이 되어야 했습니다. 그래서 예절과 규칙을 엄격하게 지켜야 했습니다. 왕실의 규칙은 복잡하고 격식 있는 절차로 이루어졌습니다. 이 절차를 의례라고 합니다. 의례를 제대로 지키는 일은 왕실의 권위를 높이는 일이기도 했습니다. 후대 사람들도 의례를 예법에 맞게 행할 수 있도록 왕실의 의식과 행사마다 그 과정을 아주 자세하게 기록했고, 이것을 엮어 책으로 만들었습니다. 이 책이 의궤입니다. 의궤는 의례의 본보기라는 뜻입니다.

조선 왕실은 수많은 행사를 치러야 했습니다. 관혼상제는 물론 왕이 돌아가신 후 그의 업적을 기려 시호를 내리거나 신하들이 왕이나 왕비를 높여 부르는 칭호인 존호를 올리는 일, 종묘의례 같은 나라의 행사도 의궤로 기록했습니다. 이뿐만이 아닙니다. 궁궐 수리, 왕실 족보 편찬, 실록 편찬도 의궤의 대상이 되었습니다. 심지어 도망간 노비를 쫓아가서 잡는 일까지도 의궤를 만들어 기록했습니다.

▌의궤의 특징

조선 시대에는 나랏일을 철저하게 기록하는 것을 중요하게 생각해 훌륭한 기록물을 많이 남겼습니다. 대표적으로 『조선왕조실록』『승정원일기』, 왕실 족보인 『선원록』 등이 있습니다. 이 기록물 중 의궤만이 가진 두드러진 특징은 정보를 그림으로 기록하였다는 것입니다. 중국, 일본 등 가까운 나라를 포함해 어느 나라에도 없는 기록 방법입니다. 우리나라 기록 역사에서만 볼 수 있는 특별한 점이지요.

의궤의 그림은 두 가지로 나누어 볼 수 있습니다. 하나는 도설이라고 하여 행사에 사용된 도구와 관련된 건물을 그린 것입니다. 다른 하나는 반차도라 하며 행사의 한 부분인 행렬의 모습을 그린 것입니다. 반차도에는 수백 명에서 수천 명에 이르는 많은 참가자가 그려져 있습니다.

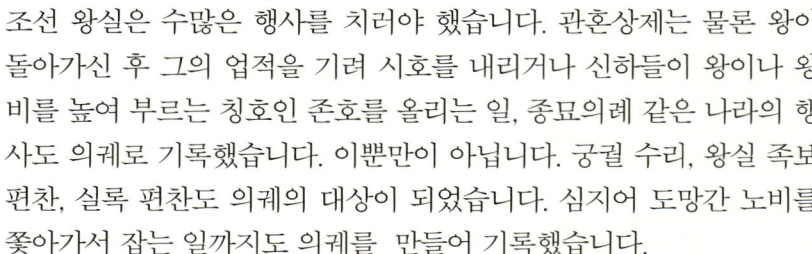

『화성성역의궤』에 그려진 공사 도구

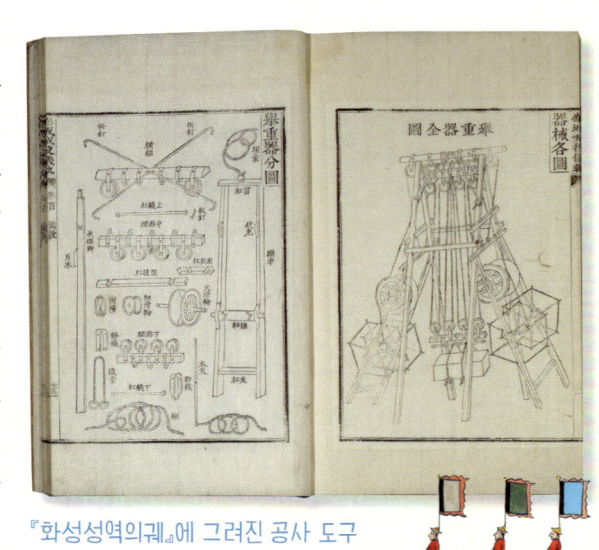

혜경궁 홍씨 진찬연 의궤 그림

진찬연 재현 사진

참가자 그림 밑에는 해당 벼슬 이름을 썼고, 옷과 행렬 때 들었던 창, 칼, 깃발도 사실적으로 표현했습니다. 무엇보다 의궤의 기록은 철저합니다. 고위 관리부터 장인과 일꾼 명단까지 실명으로 적어 책임감을 높이고자 했습니다. 또 행사를 준비하는 회의 내용부터 행사에 쓰인 돈, 먹다 남은 음식까지도 꼼꼼하게 기록했습니다. 나랏일을 운영하는 데 있어서 조금의 거짓도 없다는 것을 보여 주는 것입니다. 얼마나 꼼꼼한지 지금도 의궤의 기록으로 궁궐의 의례를 재현할 수 있습니다. 위 사진은 『원행을묘정리』 혜경궁 홍씨 진찬연 의궤 기록과 이를 바탕으로 재현한 혜경궁 홍씨 진찬연입니다.

외규장각 의궤 약탈과 반환

1866년 10월 11일 프랑스는 조선의 천주교 탄압 사건을 구실로 강화도로 쳐들어왔습니다. 이 사건을 병인양요라 부릅니다. 프랑스군은 전투에서 조선군에게 잇달아 패했습니다. 프랑스군은 쫓겨 가면서 은괴가 든 상자 19개와 강화도 외규장각에 보관 중인 의궤를 포함한 340책의 서적과 주요 왕실 자료를 빼앗아 가며 주요 건물에 불을 질렀습니다. 이 일로 외규장각에 남아 있던 5천여 책의 서적은 불길과 함께 사라지고 말았습니다. 약탈된 외규장각 의궤는 프랑스국립도서관으로 보내졌고 100년도 더 지난 1975년, 박병선 박사에 의해 존재가 알려졌습니다. 그후 2011년 외규장각 의궤가 145년 만에 고국으로 돌아왔습니다. 비록 5년마다 프랑스와 재계약을 해야 하는 영구 임대 계약 조건이지만 외규장각 의궤 귀환은 국민 모두의 염원이 이루어 낸 결과입니다.

자세히 읽어요
의궤는 어떻게 만들었을까요?

▎의궤는 어떤 과정으로 만들었나요?

의궤는 다양한 주제만큼이나 각각의 특성에 맞게 구성도 다채롭습니다. 왕실의 의례를 제대로 잘 치르기 위해 계획 단계부터 마무리 단계까지 철저하게 감독하고 기록하였지요. 그중에서도 왕의 결혼 의례를 다룬 『가례도감의궤』를 예로 들어 보겠습니다.

결혼식에 앞서 왕은 여러 신하와 의논을 거칩니다. 왕이 가례를 하겠다고 결정하면 곧바로 임시 관청인 가례도감이 설치됩니다. 왕실 결혼식은 많은 준비를 해야 하기 때문에 한 행정 관청에서 도맡아 하는 것은 힘에 부쳤습니다. 그래서 여러 관청을 모으고 그들을 총책임질 수 있는 임시 기구를 만드는 것이 일반적이었습니다. 도감은 사람의 신체에 비유하자면 머리에 해당하는 도청이 있고, 그 아래에 손발 구실을 하는 많은 실무 부서가 있습니다. 가례도감에서 실무 부서는 일방, 이방, 삼방, 별공작, 수리소 등입니다. 이 각 부서에서는 행사에 필요한 모든 물품을 제작하는 일을 나누어 맡았습니다.

의궤의 구성은 대체로 도감의 구조를 그대로 반영합니다. 의궤 안에는 도청의 일을 기록한 의궤와 각 부서별로 제작된 의궤로 나뉩니다. 각 의궤에는 가장 첫머리에 참여한 관원들의 명단이 실려 있습니다. 도청 의궤에는 일의 진행 과정을 보여 주는 행사 기록이 실려 있습니다. 이 의례를 치르기 위한 논의 과정과 의례를 진행하면서 각 관청 간에 오간 문서가 수록됩니다. 그 뒤에 부록으로는 각 부서별로 행사를 마친 뒤에 작성한 의궤가 실려 있습니다. 우리가 의궤라고 부르는 것은 이러한 작은 의궤들의 종합이라고 할 수 있습니다.

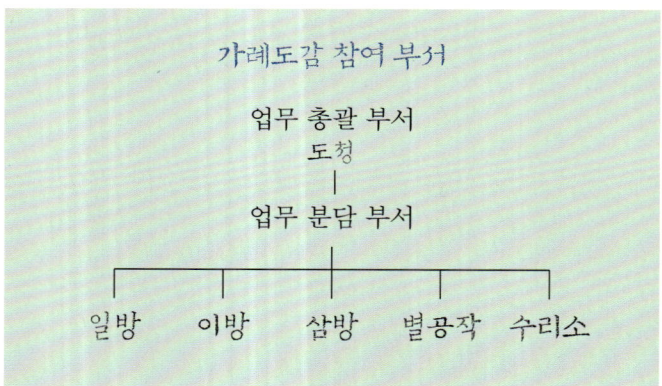

『가례도감의궤』의 구성
- 권수목록 : 가례도감의궤의 차례 역할을 합니다.
- **도청의궤**
- **각방의궤** = 일방의궤+이방의궤+삼방의궤+별공작의궤+수리소의궤
- 반차도

어람용 의궤와 분상용 의궤를 비교해 보자!

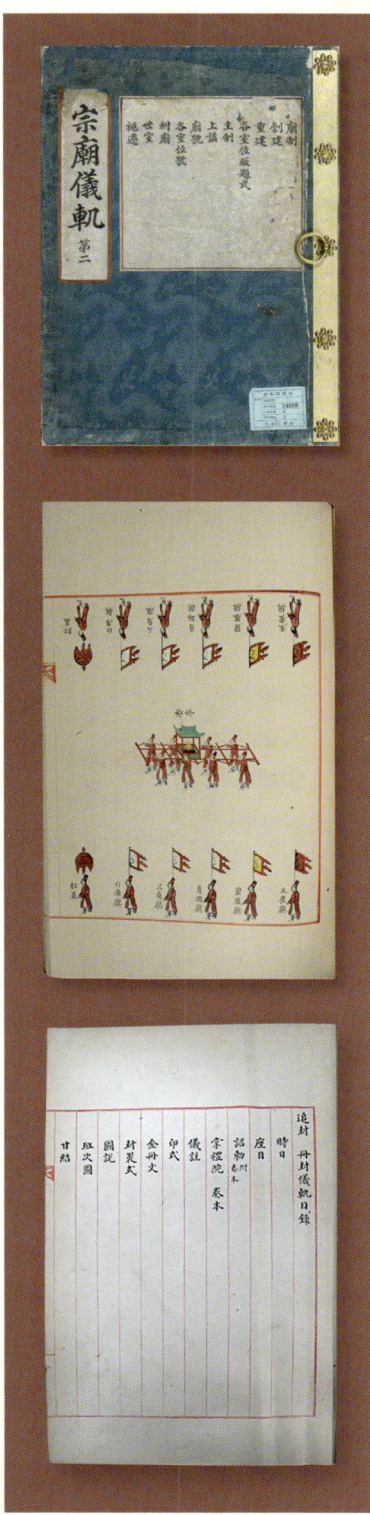

1. 어람용 의궤는 국화 무늬 판 위에 못을 박아 못이 잘 빠지지 않게 하고, 화려한 멋을 살렸습니다.

2. 제목은 흰 비단 위에 쓰고, 가장자리는 붉은 비단을 둘러 고급스러움을 더했습니다.

3. 분상용 의궤는 총 3개의 못을 박았고, 비단을 덧대어 제목을 쓰지 않았습니다.

4. 어람용에는 가마를 드는 이의 모습과 그 옷차림 주름이 선명한 것에 비해, 분상용은 가마를 드는 모습이 자연스럽지 못하고, 뭉개어 그렸습니다.

 **5.** 비나 햇빛을 피할 때 사용했던 붉은 색 가리개인 홍개입니다.  어람용에는 그 윗 부분까지 색을 채웠으나, 분상용은 윗부분 색을 칠하지 않았습니다.

 **6.** 어람용에는 사람의 얼굴 표정이 모두 자세히 묘사되어 있습니다.  하지만 분상용은 뭉개어 그렸습니다.

7. 어람용은 분상용에 비해 글씨가 잘 쓰여져 있고, 격식을 갖추어 편집되어 있어서 같은 내용임에도 책의 전체 분량이 훨씬 많습니다.

8. 분상용은 어람용에 비해 종이 품질이 떨어지고, 검은 테두리를 목판으로 찍어낸 후 글을 썼습니다. 소장하는 부서의 도장도 찍혀 있지요.  어람용에 비해 글자 사이의 간격도 좁습니다.

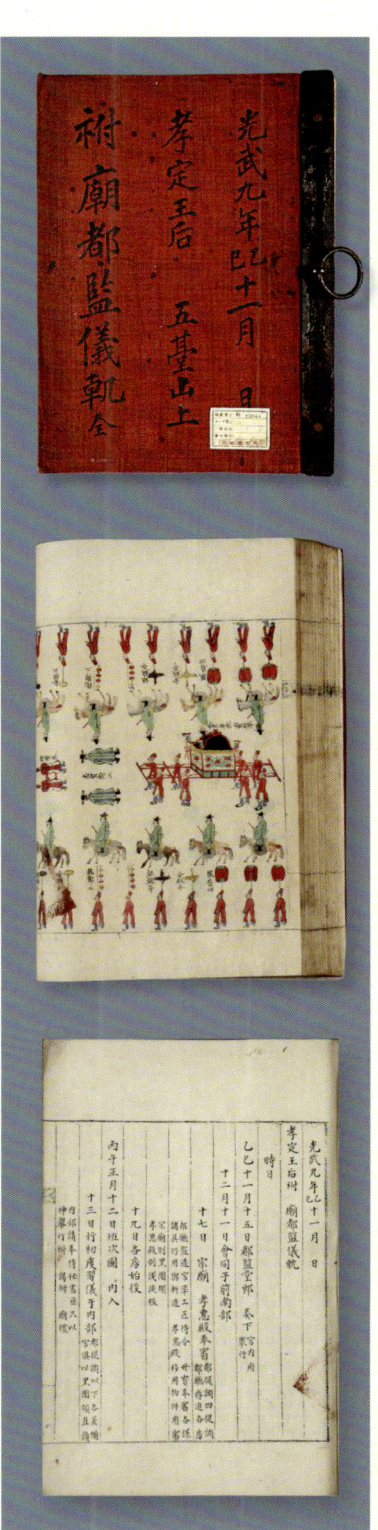